Début d'une série de documents en couleur

À Monsieur L. Delisle

ÉPITRES

EN VERS

DE

Joseph BÉGON, curé de Cruzille

PUBLIÉES PAR

Léonce LEX

Archiviste du département de Saône-et-Loire.

MACON
IMPRIMERIE GÉNÉRALE, X. PERROUX ET Cie

1894

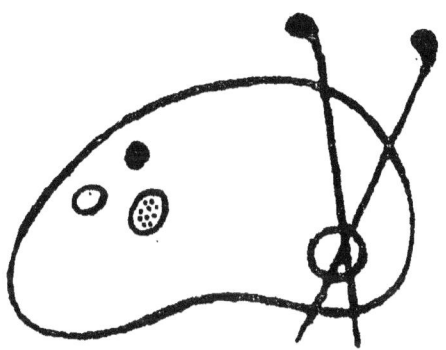

Fin d'une série de documents en couleur

ÉPITRES EN VERS

DE

Joseph BÉGON, curé de Cruzille

(Extrait de l'*Annuaire du département de Saône-et-Loire pour 1894*).

ÉPITRES

EN VERS

DE

JOSEPH BÉGON, curé de Cruzille

PUBLIÉES PAR

LÉONCE LEX

Archiviste du département de Saône-et-Loire.

MACON
IMPRIMERIE GÉNÉRALE, X. PERROUX ET Cie

1894

ÉPITRES EN VERS

DE

Joseph BÉGON, curé de Cruzille

PUBLIÉES PAR

Léonce LEX

Archiviste du département de Saône-et-Loire.

Notre érudit prédécesseur, M. A. Bénet, a déjà fait connaître aux lecteurs de l'*Annuaire de Saône-et-Loire* (1) un curé poëte, Gauteron, de Colombier-en-Brionnais, qui, de 1687 à 1729, transcrivit sur les registres de sa paroisse des vers de toute provenance (2) et des observations de toute nature. En voici un autre, et de la même époque, Bégon, de Cruzille, dont nous avons eu la bonne fortune de trouver et d'acquérir pour les archives départementales deux épitres en vers.

Joseph Bégon, né vers 1684 à Ambert (Puy-de-Dôme), d'Antoine Bégon et de Gilberte Louvent,

---

(1) Édition de 1884, p. 229 et suivantes.
(2) Les meilleurs malheureusement ne sont pas de lui. Il faut restituer notamment au poëte Jean-François Sarrasin le sonnet imprimé par M. Bénet, p. 233 ; celui de la page 232 ne paraît pas davantage être de Gauteron. Cf. H. Gidoin, dans l'*Intermédiaire*, t. XXVIII, col. 93.

alias Louvan, marchands en cette ville (1), fut probablement élevé par Jean-François Bégon, son oncle, curé de Cruzille. On le trouve vicaire de l'église Saint-André de Tournus en 1708 et en 1709 (2). Il passa à la cure de Préty, diocèse de Chalon, en 1710 (3), puis à celle de Cruzille, diocèse de Mâcon, en 1716 (4). Il nous apprend qu'il fut, en outre, aumônier de la compagnie des chevaliers de l'Arquebuse de Tournus.

Son correspondant, l'abbé Brissard, secrétaire du cardinal de Fleury, avait sur celui-ci une influence certaine, à en juger d'après ce que le chanoine Juénin, en homme qui sait faire sa cour aux grands, dit de lui dans sa *Nouvelle Histoire* (5) : « Il n'y a que M. l'abbé Brissart, cet agent habile, sur lequel son Eminence se repose de la dispensation de ses grâces et de ses faveurs, qui pourroit rendre un compte exact de tout ce qu'Elle a fait et continue de faire... Cet Abbé, par son attachement pour son Eminence, a mérité qu'Elle lui procurât premièrement le prieuré de Ramereu (6), et ensuite une pension de 1,000 écus sur son abbaïe de Saint-Etienne de Caen. Depuis Elle a obtenu pour lui la charge de maître des requêtes de la Reine, l'abbaïe de Saint-Martin de Nevers, et vient de lui donner Elle-même le plus beau prieuré qui reste à l'abbaïe (de Tournus) : c'est celui du Goudet, diocèse du Pui, où se conserve encore la conventualité et qui doit lui raporter plus de 1,500 livres par an ». On conçoit que Bégon ait pu

---

(1) Cf. Archives de Cruzille, GG., actes des 20 mars et 26 avril 1703 et 10 avril 1745.
(2) Archives de Tournus, GG. 28 et 29.
(3) Id., GG. 30 Archives de Saône-et-Loire, B. 1525.
(4) Archives de Cruzille, GG. Il succédait à Jean-François Bégon, qui y était dès 1681, et qui mourut en 1717 : « ...Messire Jean-François Bégon, ancien curé de cette paroisse de Cruzilles, cy-devant prêtre de la communauté d'Ambert, diocèze de Clermont en Auvergne, est décédé âgé de soixante-dix-neuf ans, le treizième octobre mil sept cens dix-sept, et a été enterré le jour suivant... »
(5) P. 372 et 373.
(6) Ramerupt (Aube).

lui écrire, à cet homme « incomparable », et « plein de mérite », et « rempli de prudence » :

... Plusieurs des abbés de France
Sont, près de vous, dans l'indigeance.

Quoi qu'il en fût du crédit de l'abbé Brissard sur le cardinal de Fleury, J. Bégon n'obtint pas ce canonicat de Tournus qui était l'objet de ses plus ardents désirs et pour lequel il écrivit en 1735 et en 1737 les deux épitres qu'on va voir (1). Il mourut, en effet, simple curé de Cruzille, en 1759 (2), sans avoir eu « l'étrenne » qu'il sollicitait, et toujours chargé

.... du fardeau
De la conduite d'un troupeau.

Les vers de Bégon ne manquent ni d'élégance ni de facilité, et leurs défauts ne sont pas des plus choquants. Ils rappellent, par leur tournure alerte et spirituelle, ceux de la *Muse historique* de Loret. On partagera certainement le plaisir que nous avons éprouvé nous-même à les lire et on nous saura gré de les avoir fait imprimer.

---

(1) On a conservé aussi de lui une lettre — en prose — dans laquelle il félicite la comtesse de Montrevel, dame de Cruzille, du rétablissement de la santé de son fils (Archives de l'Ain, E. 382, 1745-1770).

(2) « Joseph Bégon, prêtre et curé de Cruzilles depuis quarante ans, est mort le quatorze mars dernier avec les sentimens les plus pieux et les plus chrétiens dans lesquels il a toujours vécu, et a été inhumé ce jourd'huy seize mars mil sept cent cinquante-neuf... Le sieur Bégon étoit âgé d'environ soixante et quinze ans... » (Archives de Cruzille, GG). — Nous devons la communication des documents de Cruzille à l'obligeance de M. Barraud, maire de cette commune.

I

A Monsieur
Monsieur l'abbé Brissard.

EPITRE

Dieu vous conserve, Dieu vous gard (1),
Incomparable abbé Brissard,
D'avoir, par votre remontrance,
Obtenu de son Eminence (2)
Pour mon cousin une pension
De cent écus par provision (3).

Je voudrois avoir l'éloquence
Des fameux poëtes de France
Pour vous faire un remerciement
Digne d'un aussi beau présent ;
Mais excusez l'indocte muse
De l'aumònier de l'Arquebuse (4)
Qui veut vous en faire en rimant
Son respectueux compliment.
Regardez-le comme sincère ;
Je ne vous en fais point mistère,
Car j'ay ressenti ce bienfait
Comme s'il m'avoit été fait.
Pénétré de reconnoissance,
Je remercie son Eminence
D'avoir accordé cet honneur
A mon parent, mon successeur (5).
Nous en devons la réussite
A vous, abbé plein de mérite.
Ce n'est point un coup du hazard,
Mais un coup de l'abbé Brissard,
Qui, pour distinguer ce bon prêtre,

---

(1) Archaïsme, pour « Dieu vous garde ».
(2) Le cardinal de Fleury.
(3) Nous ne connaissons ni ce cousin de Joseph Bégon ni le bénéfice dont il a joui.
(4) L'Arquebuse de Tournus. Cf. *Recherches sur les Chevaliers de l'Arquebuse et sur les Chevaliers de l'Arc de Tournus*, p. Albert Bernard, Mâcon, imp. Chollat, 1884, in-8°.
(5) A Tournus ou à Préty sans doute.

A Monseigneur l'a fait connoitre
Comme un parfait et bon curé,
Digne même d'un prieuré.

   Mais, à propos de bénéfice,
Je veux, sans y songer malice,
Vous dire ma dévotion
Pour la canonisation (1).
Mon intention est pieuse,
Muse, ne sois donc pas honteuse
De demander pour revenus
Un canonicat de Tournus (2).

   Je fais assés triste figure
Depuis trente ans dans une cure.
Je quittay celle de Préty,
Dont je me suis bien repenty.
Ne pourrois-je sans simonie
Aspirer à la chanoinie ?
Que je m'estimerois content
De finir mes jours en chantant !
L'on pourroit me trouver idoine
D'occuper le rang de chanoine.
Car pour le chant je le sçay mieux
Que bien de(s) chanoines plus vieux.

   Je suis connu pour la doctrine,
Pous les mœurs et pour l'origine,
De la teste jusqu'au talon,
Du sage prélat de Chalon (3).
Il peut bien à mon avantage
Vous rendre, s'il veut, témoignage.

   Pour notre prélat Mâconnois (4)
Il est vray que je le connois ;
Je l'honore, je le révère,
Comme fait le fils à son père ;

---

(1) Jeu de mots. Lire « canonication ».
(2) L'abbaye bénédictine de Tournus avait été sécularisée en 1627. La bulle qui supprima la régularité de ce monastère, y institua un chapitre collégial de douze chanoines prébendés et de douze demi-chanoines demi-prébendés. La dignité d'abbé, maintenue, restait à la nomination du Roi ; les trois autres dignitaires, le doyen, le chantre et le trésorier, devaient être élus par le chapitre.
(3) Mgr Madot.
(4) Mgr de Valras. — Nous avons dit que M. Bégon avait passé du diocèse de Chalon à celui de Mâcon.

Mais je n'ay pas encor l'honneur
D'être connu de sa Grandeur (1).
Si j'étois docteur quenelliste (2),
Il me trouveroit sur la liste
De ceux qu'il poursuit vivement
Pour les ramener promptement (3).
Tranquile, j'attens sa visite
Comme pourroit faire un jésuite (4),
Ayant toujours cru fermement
Ce qu'a dit le pape Clément (5).

 Mais ma meilleure connoissance
Est celle de son Eminence,
Car elle m'a fort bien connu
Pendant qu'elle étoit à Tournu (6).
De Préty, son fort beau village (7),
J'avois l'honneur et l'avantage
D'être curé, s'il vous souvient,
Lorsque son Eminence y vient (8)
Au bord de la Saône si calme.
Ayant tous en main une palme
Nous accourûmes promptement
Luy faire en latin compliment
Qu'avec sa douceur ordinaire
Elle témoigna fort luy plaire.

---

(1) Il n'était évêque de Mâcon que depuis 1732.

(2) C'est-à-dire partisan de Pasquier Quesnel, de l'Oratoire, théologien qui soutint les doctrines jansénistes (1634-1719).

(3) La question du jansénisme agitait fort le clergé de France à cette époque. L'évêque de Mâcon avait pris parti contre le P. Quesnel et ses partisans.

(4) Les jésuites combattirent avec acharnement le jansénisme, et le cardinal de Fleury ne cessa de les encourager dans cette lutte.

(5) Clément XI, dans la bulle *Unigenitus*, fulminée en 1713 contre les *Réflexions morales* du P. Quesnel, qui furent déclarées « fausses, hérétiques et blasphématoires ».

(6) Le cardinal de Fleury avait été nommé abbé de Tournus en 1715. Il n'y séjourna que du 11 juin au 29 juillet 1716 (cf. Juénin, pp. 363-365) ; ses fonctions de précepteur du Roi le retinrent à Paris.

(7) « Les 8, 9 et 10 (juillet 1716), il (le cardinal) alla visiter ses terres d'Huchisi, Plotes et Presti, accompagné de plusieurs bourgeois de la ville » (Juénin, p. 365). Le curé de Préty quitta peu après, car le dernier acte des registres paroissiaux signé de lui est du 16 juillet (Archives de Saône-et-Loire, B. 1525).

(8) Sans la rime il y aurait « y vint ».

Mais, Seigneur, toutes mes raisons
Ne vous paroîtront que chansons,
Puisque tous vos heureux chanoines
Sont gras et frais comme des moines.
Aucun n'a l'air de tost mourir
Pour vouloir me faire plaisir.
Je ne leur porte point envie ;
Je leur désire longue vie ;
Ils sont tous trop de mes amis
Pour penser qu'il me soit permis
De prier que la Providence
Daigne avancer leur récompense.
Laissons-les donc vivre longtems.
Aussi bien ils sont trop contens
Des bienfaits de son Eminence.
J'aime mieux prendre patience,
Suspendre ma dévotion
Pour la canonisation.

 Mais si l'un d'eux, par avanture,
Meurt cet hyver de morfondure
Pour s'être levé trop matin,
Ou (1) chanté trop fort au lutrin,
Car un air froid de la rivière
Peut envoyer au cimetière
Celuy qui prendroit le brouillard,
Très-charitable abbé Brissard,
Souvenez-vous d'un pauvre prêtre
Qui languit dans un lieu champêtre
Et passe tristement ses jours
Eloigné de tous les secours
De la société civile,
A plus de deux lieues de la ville,
Exposé toujours aux dangers
Des voleurs et des étrangers.
Vous feriez, Monsieur, si me semble,
Deux bonnes œuvres tout ensemble :
L'une en me faisant cet honneur,
L'autre en nommant mon successeur.
Vous êtes rempli de prudence,
De zèle selon la science ;
Un petit mot en ma faveur
Va me procurer ce bonheur.

---

(1) Sous-entendu « avoir ».

Monseigneur a tant de puissance !
Tous ceux qui, pleins de confiance,
Luy demandent quelques bienfaits,
S'en retournent tous satisfaits.
Serois-je le seul de la France
Sans ressentir sa bienveillance ?
Après Louis (1) il est le chef
De la France (2), comme Joseph
L'étoit autrefois de l'Œgypte,
Car personne ne lui résiste.
Il est seul le maître des dons,
Des honneurs comme des pardons.

  Je vay prier dans le silence
Que Dieu donne à son Eminence
Des jours plus longs qu'au vieux Nestor (3),
Pour que dix ans avant sa mort
Il puisse apointer ma reque(s)te.

  Je crains de vous rompre la teste
Au lieu de vous faire plaisir,
Car vous n'avez pas le loisir
De lire ma folle vermine.
Je vois que vous faites la mine.
Je finis donc mon compliment
Trop prolixe et trop ennuyant,
Pour aller voir à la sourdine
Nos chanoines fourrez d'hermine,
Et sçavoir si quelque vieillard
N'auroit point gobbé le brouillard.
Pardonnez la muse champêtre,
S'il vous plaît, de ce pauvre prêtre,
Qui se dit du fond de son cœur
Votre très-petit serviteur.

              J. BEGON,
           Curé de Cruzilles,
      diocèse de Mâcon, près Tournus.

Le 31 octobre 1735.

---

(1) Louis XV.
(2) Le cardinal était ministre d'Etat depuis 1726.
(3) Nestor pouvait avoir 90 ans à l'époque de la guerre de Troie, après laquelle il vint vivre à Pylos sa longue et tranquille vieillesse. Le cardinal de Fleury, né en 1653, mourut en 1743.

Si ma lettre ne mérite aucune attention, je vous demande en grâce, du moins, qu'il n'en soit pas fait mention à Tournus.

II

A Monsieur

Monsieur l'abbé Brissard.

EPITRE

Souffrez, abbé plein de mérite,
De ma muse cette visite,
Pour vous faire du jour de l'an
Mon respectueux compliment.

Ce seroit, je crois, une offence
De vous souhaiter abbondance
De biens, d'honneur ou de vertu.
Vous en êtes si revêtu
Que plusieurs des abbés de France
Sont, près de vous, dans l'indigeance.
Je ne souhaite, en vérité,
Pour vous, qu'une bonne santé.
Sans chagrin, sans méiancholie
Puissiez-vous passer votre vie,
Et vous souvenir d'un curé
Qui voudroit bien vous savoir gré
De l'avoir fait un jour chanoine.
Crainte qu'il ne se fasse moine,
Ne pouvant pas vivre content
Dans un état si rebutant.

Ce n'est point pour mauvaise affaire
Dont je voulusse me soustraire :
Je n'ay jamais eu de procès,
Je les crains avec trop d'excès.

Ce n'est point par fainéantise,
Pour être inutile à l'Eglise,
Ny pour un plus gros revenu :
Un canonicat de Tournu
Ne vaut point ce que vaut ma cure.
Entre nous, c'est chose fort sûre.

Je n'ay donc point d'autre raison
D'une telle démangéson,
Sinon je ne sçay quelle envie

Que j'ay d'une nouvelle vie,
En me déchargeant du fardeau
De la conduite d'un troupeau,
Qui, pour le dire en deux paroles,
Commence à charger mes épaules.

Je n'ay pas, à la vérité,
Auprès de vous rien mérité.
J'avois cependant confiance
Qu'auprès de sa sainte Eminence
Vous auriez dit en ma faveur
Quelque parole de douceur,
Si cette Parque impitoyable,
Si sourde et si déraisonnable,
Que nous attendions à Tournu
Pour quelque chanoine chenu,
N'avoit pas fait tout le contraire
En s'attachant au pauvre maire (1),
Prenant le meilleur citoyen
Pour laisser languir un doyen (2)
Réduit à pension viagère
Pour fatiguer sa créancière,
Lequel, privé d'humanité,
N'a plus que l'animalité.

Vieille Parque dénaturée,
Que n'allois-tu faire curée
Dans le chapitre de Tournu !
Peut-être j'aurois obtenu
La dernière place vacante
Dans cette église si charmante,
Puisque Monsieur l'abbé Brissard
M'avoit promis d'avoir égard
A ma très-humble remontrance
Dans une pareille occurrence.

Je m'étois déjà figuré
Que je ne serois plus curé,
Mais que j'irois chanter matine
Avec un capuchon d'hermine,
Ayant l'aumusse sur le bras.
Plus de cure ny d'embarras !

---

(1) M. Claude Compagnot.
(2) M. Guillaume-Augustin Mercier. Il ne mourut qu'en 1740 (Archives de la ville de Tournus, GG. 224).

Je fais des châteaux en Espagne ;
Je vais mourir dans ma campagne,
Si vous ne me prêtez la main
Et ne me servez de parrain.
Je n'ose aux pieds de l'Eminence
Qui gouverne toute la France
Porter mes vœux et mes soupirs.
Vous seul connoissez mes désirs,
Et pourriez sans beaucoup de peine
Me faire obtenir cette etréne.
Vous en avez tout le pouvoir ;
Il ne s'agit que de vouloir.

Personne de ce voisinage
Ne sçait rien de mon tripotage.
Vous êtes, Monsieur, trop discret
Pour leur apprendre mon secret ;
Je deviendrois la raillerie
Des bonnes gens de la patrie.
Ce seroit assés me punir
De ne pouvoir rien obtenir.
Mais par une raison contraire
Que je ne dois, Monsieur, vous taire,
Ce seroit un double plaisir
Si cela pouvoit réussir.

Excusez mon extravagance,
Il s'en fait bien d'autres en France.
Ce n'en est point d'avoir l'honneur
D'être fort votre serviteur.

J. BEGON,
Curé de Cruzilles.

Le 31 décembre 1737.

MACON — IMPRIMERIE GÉNÉRALE X. PERROUX ET Cie

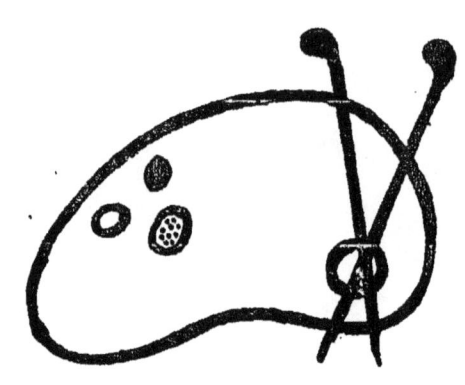

Original en couleur
NF Z 43-120-8

www.ingramcontent.com/pod-product-compliance
Lightning Source LLC
Chambersburg PA
CBHW071424060426
42450CB00009BA/2009